Vom Makro zu VBA

VBA Excel Serie Band

von Peter Schnoor

Inhaltsverzeichnis

1   Einführung

2   Grundlegende Programmeinstellungen

3   Unterschiede von Makros zu VBA

4   Makros erstellen

5   Das erste Makro: Erstellen einer Standardtabelle

6   Der Erste Test

7   Die Tabelle formatieren

8   Tastenkürzel ändern

9   Spaltenbreiten und Zeilenhöhen in Tabellen automatisch anpassen

10   Optimierung

11   Makro über ein Symbol in der Schnellstartleiste starten

12   Das Makro in das Menüband aufnehmen

13   Makro über Grafik

14   Makro über ein Formular-Steuerelement ausführen

15   Makro über ein ActiveX-Steuerelement ausführen

16   Der Visual Basic Editor

17   Service

1 Einführung

VBA ist die Abkürzung für „Visual Basic for Application" und ist eine Programmiersprache, die vom großen Bruder „Visual Basic" abgeleitet ist. Mit VBA erstellen Sie keine frei ausführbaren Programme sondern Programme, die in den Microsoft Anwendungen, in diesem Falle in Excel, ausgeführt werden. Der Vorteil liegt darin, dass Sie direkt auf die Objekte in Excel, wie Arbeitsmappen, Tabellen und Zellen zugreifen können. Die Programmierumgebung ist in Excel integriert.

Das Haupteinsatzgebiet von Makros liegt in der Automatisierung von Abläufen, die Sie häufig benötigen. Sie können aber auch eigene Funktionen, die es so in Excel nicht gibt, erstellen.

Makros dienen dem einfachen Erstellen solcher Abläufe. In diesem Buch geht es um das Erstellen von einfachen Makros. Sie lernen kennen, wie Sie Makros auf einfache Art und Weise ausführen können: Über Tastenkombinationen, Befehle in der Schnellstartleiste, selbst erstellte Register im Menüband, Grafiken, Formular-Steuerelementen und ActiveX-Schaltflächen. Außerdem erhalten Sie einen Einblick in den VBA-Editor und erstellen dort ihr erstes eigenes Programm.

Viel Spaß beim Lesen und beim Ausprobieren!

2   Grundlegende Programmeinstellungen

Damit Sie die Registerkarte für Makros und die Programmierung
sehen können, aktivieren Sie das Register „Datei" und klicken im
dann eigeblendeten Menü auf den Befehl „Optionen". Das
Dialogfenster „Excel-Optionen" wird eingeblendet. Klicken Sie in
diesem Dialogfenster auf den Befehl „Menüband anpassen". Auf der
rechten Seite des Fensters werden die Hauptregisterkarten
angezeigt. Setzen Sie hier einen Haken in das Kontrollkästchen
„Entwicklertools".

Abbildung 1: Zum Programmieren aktivieren Sie in Excel die Entwicklertools.

Zusätzlich stellen Sie die Sicherheitseinstellungen so ein, dass Ihre
Programme auch ohne Probleme ausgeführt werden können.
Klicken Sie dazu in den „Optionen" auf den Befehl
„Sicherheitscenter" und dort auf die Schaltfläche „Einstellungen für
das Sicherheitscenter". Klicken Sie im dann eigeblendeten
Sicherheitscenter auf den Befehl „Einstellungen für Makros".
Wählen Sie dort die Option „Alle Makros mit Benachrichtigung
deaktivieren" aus.

Sie können dann beim Öffnen von Arbeitsmappen, die Makros
beinhalten, selbst entscheiden, ob diese Makros ausgeführt werden
sollen oder nicht.

Wenn Sie häufig mit Makros arbeiten, ist die dauernde Abfrage, ob Sie das Makro wirklich ausführen wollen, irgendwann nervig. Sie haben dann die Möglichkeit, einen Speicherort als „Vertrauenswürdig" festzulegen. Alle Anwendungen, die in diesem Speicherort liegen, werden dann ohne Nachfrage ausgeführt.

Wählen Sie dazu im Sicherheitscenter den Befehl „Vertrauenswürdige Speicherorte" aus. Klicken Sie dort auf die Schaltfläche „Neuen Speicherort hinzufügen" und wählen Sie über die Schaltfläche „Durchsuchen" den gewünschten Ordner aus.

Es sollte sich hier um einen speziellen Ordner handeln, den Sie für die Programmierung nutzen. Hier sollten Sie dann auch alle Ihre programmierten Arbeitsmappen speichern.

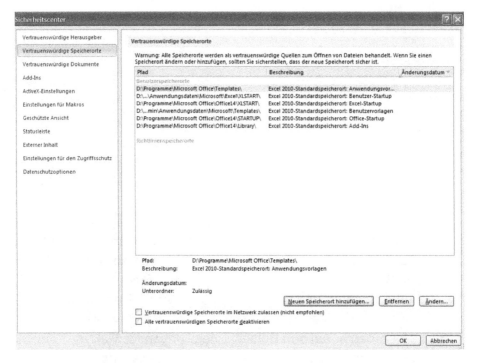

Abbildung 2: Um nicht dauernd das Ausführen von Makros bestätigen zu müssen, wählen Sie einen vertrauenswürdigen Speicherort aus.

3 Unterschiede von Makros zu VBA

Während Makros dem Aufzeichnen von Vorgängen dienen, die Sie immer wieder ausführen können, erstellen Sie mit VBA Anwendungen, die über die Möglichkeiten von Makros weit hinausgehen.

Wichtig zu wissen:
Bei der Aufzeichnung von Makros werden im Hintergrund bereits VBA-Befehle generiert, die Sie später manuell ergänzen können.

Die Aufzeichnung von Makro sind meistens nur die ersten Schritte in der VBA-Programmierung. Häufig werden Makroaufzeichnungen benutzt, um die Befehls-Begriffe und die Befehlssyntax herauszufinden, ohne erst lange in dicken Büchern nachlesen zu müssen oder durch die Weiten den Internets googeln zu müssen.

Wenn Sie fit in der Programmierung sind, werden Sie eh auf den Makrorecorder verzichten und den Code direkt in den Programmeditor schreiben.

4 Makros erstellen

Damit Sie keinen Schiffbruch erleiden, sollten Sie schon vor der Makroaufzeichnung die Arbeitsmappe speichern. Klicken Sie dazu in einer neunen Arbeitsmappe auf den Befehl „Datei". Wählen Sie dort den Befehl „Speichern und Senden" aus. Klicken Sie danach im Bereich „Dateitypen" auf den Befehl „Dateityp ändern".

Im jetzt angebotenen Menü wählen Sie den Befehl „Arbeitsmappe mit Makros" aus. Mit einem Klick auf das Symbol „Speichern unter" wird die Arbeitsmappe gespeichert und ist für Makros „gebrauchsfähig".

Als „normale" Arbeitsmappe kann Excel die erzeugten Makros nicht speichern und sie gehen verloren. Das wäre ja Schade um die aufgewendete Arbeit.

Abbildung 3: Speichen Sie Makros im richtigen Format, sonst gehen diese verloren.

5   Das erste Makro: Erstellen einer Standardtabelle

Das erste Makro soll erstellt werden. Sie benötigen zum Beispiel immer wieder eine Tabelle mit identischem Aufbau. Hierfür wollen Sie ein Makro aufzeichnen.

Tipp: Wenn Sie komplexe Abläufe aufzeichnen wollen, sollten Sie diese zunächst ohne Makroaufzeichnung durchspielen. Das erspart Ihnen Nacharbeit, falls Ihnen bei der Aufzeichnung mal ein Befehl nicht einfällt.

Aktivieren Sie das Registerblatt „Entwicklertools". Dort finden Sie die Gruppe „Code".

Wichtig zu wissen:

Makros werden standardmäßig als „absolute Bezüge" aufgezeichnet. Das bedeutet, Excel merkt sich die genaue Zelle, in der Sie sich befinden. Beim Ausführen des Makros wird dann immer wieder diese Zelle angesprochen.

Um unser erstes Makro möglichst universell einsetzen zu können, schalten Sie vor der Aufzeichnung die „Relative Aufzeichnung" ein. Klicken Sie dazu auf den gleichnamigen Befehl in der Gruppe „Code". Dadurch wird beim Ausführen des Makros die Tabelle ab der Zelle ausgeführt, in der sich die Schreibmarke befindet. Die folgenden Bereiche werden dann immer relativ zur ersten Zelle aufgezeichnet.

Klicken Sie dann auf das Symbol „Makro aufzeichnen". Das gleichnamige Dialogfenster wird eingeblendet.

Der Makroname sollte aussagekräftig sein, also nicht „Makro1", „Makro2" oder Ähnliches. Allerdings ist bei der Vergabe des Makronamens auch Vorsicht geboten. Er unterliegt einigen Einschränkungen:

Die maximale Länge beträgt 255 Zeichen, was ja noch keine wirkliche Einschränkung ist. Aber:

Keine Sonderzeichen verwenden (dazu gehört auch ein Leerzeichen, „Meine_Tabelle" ist in Ordnung, aber „Meine Tabelle" führt zu einem Fehler).

Mit einem Buchstaben beginnen (1Tabelle geht nicht).

Sie können Makros mit einer Tastenkombination starten. Belegen Sie dabei aber keine bestehenden Tastenkombinationen (wie zum Beispiel Strg-C). Falls Sie einen Großbuchstaben vergeben möchten, halten Sie bei der Eingabe der Tastenkombination die „SHIFT-Taste" gedrückt.

Makros werden standardmäßig in der aktuellen Arbeitsmappe („Diese Arbeitsmappe") gespeichert.

Sie können Makros auch in einer neuen Arbeitsmappe speichern (Ich habe allerdings noch keinen praktischen Einsatz dafür gefunden). Sie haben Zusätzlich die Möglichkeit, Ihre Makros in einer persönlichen Makroarbeitsmappe zu speichern. Diese wird dann bei jedem Öffnen einer Arbeitsmappe mit geöffnet und die dort hinterlegten Makros stehen Ihnen zur Verfügung.

Für den Anfang lassen wir aber den Eintrag „Diese Arbeitsmappe" stehen.

In das Feld „Beschreibung" definieren Sie noch einmal, was dieses Makro bewirken soll. Es ist Ihr Kommentar.

Mit einem Klick auf die Schaltfläche „OK" wird das Makro gestartet und im Hintergrund aufgezeichnet.

Abbildung 4: Das Dialogfenster zur Makroaufzeichnung.

In diesem Beispiel wurden folgende Eintragungen vorgenommen:

Makroname: Meine_Tabelle

Tastenkombination: Ctrl+t

Makro speichern in: Diese Arbeitsmappe

Beschreibung: Eine häufig benutzte Tabelle

Und los geht es:

Tippen Sie in die aktuelle Zelle ein: „Artikelnummer".

Tippen Sie in die rechts angrenzenden Zellen ein: „Artikelname", „Einzelpreis", „Menge", „Gesamtpreis".

Betätigen Sie die „Enter-Taste".

Es soll gleich ein Beispieldatensatz mit erzeugt werden.

Tippen Sie ein:

Artikelnummer: 1

Artikelname: „Dummy"

Einzelpreis: Aktivieren Sie das Registerblatt „Start". Klicken Sie in der Gruppe „Zahl" auf das Symbol „Buchhaltungsformat". Tippen Sie eine 1 ein.

Menge: 1

Gesamtpreis: Klicken Sie in der Gruppe „Zahl" auf das Symbol „Buchhaltungsformat". Tippen Sie ein Gleichheitszeichen ein. Klicken Sie auf den Wert unterhalb der Spalte „Einzelpreis". Tippen Sie das Zeichen für Multiplikation ein (*). Klicken Sie auf den Wert unterhalb der Spalte „Menge". Betätigen Sie die ENTER-Taste.

Aktivieren Sie das Registerblatt „Entwicklertools" und klicken Sie in der Gruppe „Code" auf den Befehl „Aufzeichnung beenden".

Herzlichen Glückwunsch, Sie haben Ihr erstes Makro erzeugt. Jetzt müssen Sie es nur noch testen.

	E2	f_x =C2*D2			
	A	B	C	D	E
1	Artikelnummer	Artikelname	Einzelpreis	Menge	Gesamtpreis
2	1	Dummy	1,00 €	1	1,00 €
3					

Abbildung 5: Die Befehle müssen bei einer Makroaufzeichnung vorher bekannt sein.

Die Tabelle ist zwar noch nicht formatiert, aber das soll in einem weiteren Schritt erfolgen.

6 Der Erste Test

Vor dem Testen des Makros speichern Sie die Arbeitsmappe zur Sicherheit noch einmal ab. Aktivieren Sie eine leere Tabelle und klicken Sie in eine beliebige Zelle. Betätigen Sie die Tastenkombination STRG-T. Schon sollte Ihre Tabelle wie von Geisterhand entstehen. Natürlich nur, wenn Sie die Tastenkombination auch festgelegt hatten.

Eine weitere Möglichkeit zum Starten Ihres Makros erhalten Sie in der Registerkarte „Entwicklertools". Klicken Sie dort auf das Symbol MAKROS. Im jetzt eingeblendeten Dialogfenster werden Ihnen vorhandene Makronamen angezeigt. Wählen Sie das gewünschte Makro aus und klicken Sie dann auf die Schaltfläche „Ausführen". Schon wird Ihre Tabelle erstellt.

Abbildung 6: Starten Sie das Makro über die Schaltfläche Ausführen.

7 Die Tabelle formatieren

Ein zweites Makro soll die Tabelle formatieren. Erstellen Sie dazu ein neues Makro. Achten Sie darauf, dass die Aufzeichnung wieder relativ stattfindet.

Klicken Sie in die Zelle „Artikelnummer" und starten Sie dann die Aufzeichnung.

Makroname: Formatierung_Standardtabelle

Tastenkombination: Ctrl + r

Abbildung 7: Das Makro zum Formatieren der Tabelle wird angelegt.

Markieren Sie die Zellen „Artikelnummer" bis „Gesamtpreis". Aktivieren Sie das Register „Start". Klicken Sie in der Gruppe „Schriftart" auf den Farbeimer. Wählen Sie aus den Designfarben aus: „Dunkelblau, Text 2, heller 80%".

Markieren Sie den ersten Datensatz unterhalb der Überschriften. Wählen Sie die Designfarbe „Gelbbraun, Hintergrund2, dunkler 10%" aus.

Markieren Sie die gesamte Tabelle. Wählen Sie in der Gruppe „Schriftart" den Befehl „Rahmenlinien", „Alle Rahmenlinien" aus.

Klicken Sie in die Zelle unterhalb der „Artikelnummer".

Beenden Sie die Makroaufzeichnung.

Testen Sie das Ergebnis. Aktivieren Sie dazu am besten ein neues Tabellenblatt und führen Sie dort das Makro „Meine_Tabelle" aus. Klicken Sie dann in die Überschrift „Artikel" und führen Sie dann das Makro „Formatierung_Standardtabelle" aus.

Experimentieren Sie mit diesen Makros, das festigt das Verständnis für die Programmierung.

	A	B	C	D	E
1					
2	Artikelnummer	Artikelname	Einzelpreis	Menge	Gesamtpreis
3	1	Dummy	1,00 €	1	1,00 €
4					

Abbildung 8: Die Formatierung bekommen Sie mit Hilfe von einem Makro mit einem einzigen Befehl hin.

8 Tastenkürzel ändern

Falls Sie mal ein Tastenkürzel ändern müssen, ist das kein Problem. Klicken Sie im Register „Entwicklertools" auf den Befehl „Makros". Im jetzt eingeblendeten Dialogfenster klicken Sie auf den Befehl „Optionen". Das Dialogfenster „Makrooptionen" wird eingeblendet.

In diesem Dialogfenster können Sie sowohl die Tastenkombination zum Ausführen des Makros als auch die Beschreibung ändern. Halten Sie zum Beispiel die SHIFT-Taste gedrückt und geben dann einen Buchstaben ein, so wird dieser später zum Ausführen des Makros angewandt.

Probieren Sie es aus.

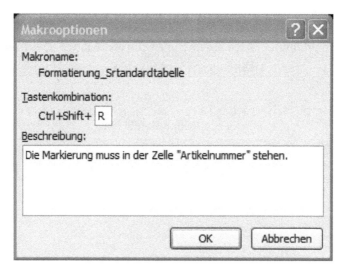

Abbildung 9: Ändern Sie die Tastenkombination.

9 Spaltenbreiten und Zeilenhöhen in Tabellen automatisch anpassen

Häufig sind die Spaltenbreiten in Tabellen nicht optimiert. Das kann auch bei Zeilenhöhen vorkommen. Das folgende Makro soll dafür sorgen, dass alle Spalten und Zeilen in einem Tabellenblatt optimiert dargestellt werden.

Für diese Aufzeichnung benötigen wir die Absolute Aufzeichnung. Deaktivieren Sie daher das Symbol „Relative Aufzeichnung".

Erstellen Sie anschließend ein Makro mit dem Namen: „Automatische_Anpassung".

Vergeben Sie das Tastenkürzel „CTRL-O".

Sobald die Aufzeichnung beginnt, klicken Sie in Excel ganz oben links neben der Spalte „A". Dadurch wird das gesamt Arbeitsblatt markiert. Machen Sie jetzt einen Doppelklick zwischen die Spalten „A" und „B". Anschließend kommt ein Doppelklick zwischen die Zeilen „1" und „2". Beenden Sie das Makro.

Probieren Sie es auf Tabellen aus, deren Zellen zu klein geraten sind. Das ist doch genial, oder?

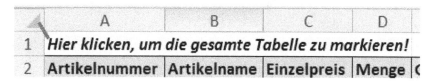

Abbildung 10: Markieren Sie die gesamt Tabelle.

10 Optimierung

Die beiden ersten Makros nacheinander ablaufen zu lassen ist noch nicht die optimale Lösung. Es wäre doch viel eleganter, wenn die zwei Makros mit einem einzigen Befehl laufen würden. Darum geht es im nächsten Teil. Da schauen wir einmal unter die Motorhaube der Makros. Es bietet sich aber zur Übung an, ein Makro aufzuzeichnen, das sowohl die Tabelle erstellt und diese anschließend gleich formatiert und die Spaltenbreiten und Zeilenhöhen optimiert.

Probieren Sie es doch einmal aus. Hier die Befehle dazu in der Übersicht:

Register „Entwicklertools" aktivieren.

„Relative Aufzeichnung" aktivieren.

„Makro aufzeichnen" anklicken.

Makroname: „Meine_formatierte_Tabelle"

Schaltfläche „OK".

Tippen Sie nacheinander in die Zellen ein: „Artikelnummer", „Artikelname", „Einzelpreis", „Menge", „Gesamtpreis". Betätigen Sie die „Enter-Taste".

„Artikelnummer": 1,

„Artikelname": Dummy,

„Einzelpreis": Aktivieren Sie das Registerblatt „Start". Klicken Sie in der Gruppe „Zahl" auf das Symbol „Buchhaltungsformat". Tippen Sie eine 1 ein,

„Menge:" 1,

„Gesamtpreis": Klicken Sie in der Gruppe „Zahl" auf das Symbol „Buchhaltungsformat". Tippen Sie ein Gleichheitszeichen ein. Klicken Sie auf den Wert unterhalb der Spalte Einzelpreis. Tippen

Sie das Zeichen für Multiplikation ein (*). Klicken Sie auf den Wert unterhalb der Spalte Menge. Betätigen Sie die ENTER-Taste.

Markieren Sie die Zellen „Artikelnummer" bis „Gesamtpreis".

Aktivieren Sie das Register „Start".

Klicken Sie in der Gruppe „Schriftart" auf den Farbeimer. Wählen Sie aus dem Designfarben eine Farbe aus.

Markieren Sie den ersten Datensatz unterhalb der Überschriften. Wählen Sie eine Designfarbe aus.

Markieren Sie die gesamte Tabelle.

Wählen Sie in der Gruppe „Schriftart" den Befehl „Rahmenlinien", „Alle Rahmenlinien" aus.

Aktivieren Sie das Register „Entwicklertools". Deaktivieren Sie die „Relative Aufzeichnung".

Markieren Sie die gesamte Tabelle. Machen Sie einen Doppelklick zwischen zwei Spalten.

Beenden Sie die Makroaufzeichnung.

Wenn alles geklappt hat, können Sie jetzt Ruck Zuck eine Tabelle erstellen.

Da keine Tastenkombination zum Ausführen dieses Makros vergeben wurde, führen Sie das Makro so aus:

Register „Entwicklertools" aktivieren.

In der Gruppe „Code" auf das Symbol „Makros" klicken.

Den Makronamen „Meine_formatierte_Tabelle" auswählen.

Auf die Schaltfläche „Ausführen" klicken.

Abbildung 11: Das Makro wird über die Schaltfläche "Ausführen" gestartet.

Das ist nicht sehr komfortabel. Deshalb wollen wir erforschen, wie Makros noch gestartet werden können.

11 Makro über ein Symbol in der Schnellstartleiste starten

Um die Schnellstartleiste um den Befehl zum Erstellen der Tabelle zu erweitern, klicken Sie auf das Register „Datei" und dort auf „Optionen". Aktivieren Sie hier den Eintrag „Symbolleiste für den Schnellzugriff".

Wählen Sie im Bereich „Befehle auswählen" über den Auswahlpfeil den Eintrag „Makros" aus. Klicken Sie dort auf den Befehl „Meine_formatierte_Tabelle". Klicken Sie anschließend auf die Schaltfläche „Hinzufügen".

Zum Ändern des Symbols klicken Sie auf die Schaltfläche „Ändern". Wählen Sie im jetzt eingeblendeten Fenster ein Symbol für das Makro aus, zum Beispiel das „Gitter". Klicken Sie anschließend auf die Schaltfläche „OK" und im Optionsfenster nochmals auf die Schaltfläche „OK". das Symbol befindet sich jetzt in der Schnellstartleiste und Sie können ihre Tabelle mit einem Mausklick erstellen.

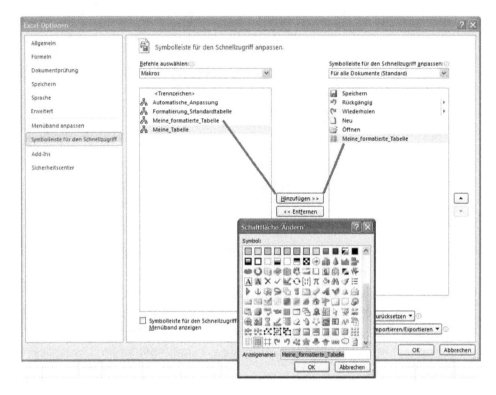

Abbildung 12: Erweitern Sie die Schellstartleiste um wichtige Makrobefehle.

12 Das Makro in das Menüband aufnehmen

Wenn Sie später eine ganze Sammlung von Makros haben, wird es in der Schnellstartleiste eng. Dann können Sie im Menüband eigene Registerblätter erzeugen, in denen Sie die Makros ablegen.

Klicken Sie dazu mit der rechten Maustaste in das Menüband und im dann eingeblendeten Kontextmenü klicken Sie auf den Befehl „Menüband anpassen". So gelangen Sie sofort in die Menübandbearbeitung.

Klicken Sie in diesem Fenster auf die Schaltfläche „Neue Registerkarte". Eine „Neue Registerkarte (Benutzerdefiniert)" wird angelegt. Genau darunter wird gleich eine „Neue Gruppe (Benutzerdefiniert)" erstellt.

Markieren Sie jetzt die neue Registerkarte und klicken Sie dann auf die Schaltfläche „Umbenennen". Das gleichnamige Dialogfenster wird eingeblendet. Tippen Sie in das Eingabefeld „Anzeigename" den Begriff „Meine Makros" ein und klicken Sie anschließend auf die Schaltfläche „OK". Der Anzeigename für das benutzerdefinierte Registerblatt wird übernommen.

Führen Sie die gleichen Schritte für die neue Gruppe durch. Lassen Sie sich nicht durch das etwas anders aussehende Dialogfenster irritieren. Sie haben die Möglichkeit, sowohl ein Symbol auszuwählen als auch einen Anzeigenamen einzugeben. Wichtig ist es an dieser Stelle, einen neuen Anzeigenamen zu vergeben, das ausgewählte Symbol wird im Menüband standardmäßig nicht angezeigt. Vergeben Sie als Anzeigename „Aufgezeichnete Makros".

Wählen Sie anschließend im linken Fensterbereich „Befehle auswählen" den Eintrag „Makros" aus. Markieren Sie das Makro „Meine_formatierte_Tabelle" und klicken Sie dann auf die Schaltfläche „Hinzufügen". Mit Hilfe der Schaltfläche „Umbenennen" fügen Sie als Symbol die Gitternetzlinie hinzu.

Ab sofort gibt es das Registerblatt „Meine Makros", in das Sie Ihre Programme stellen können.

Abbildung 13: Erstellen Sie ein Register für Ihre Makros.

13 Makro über Grafik

Sie können ein Makro auch direkt aus einer Tabelle heraus aufrufen. Das bietet sich an, wenn das Makro an diese Tabelle gebunden sein soll. Dazu benötigen Sie zunächst eine Grafik in Ihrer Tabelle. Am einfachsten fügen Sie dazu eine Clipart ein:

Register „Einfügen".

In der Gruppe „Illustrationen" einen Klick auf „Clipart".

Im Aufgabenbereich „Clipart" ein Klick auf die Schaltfläche „OK".

Eine Clipart anklicken, diese wird dann in das Tabellenblatt gestellt.

Mit der rechten Maustaste auf diese Clipart klicken.

Im Kontextmenü auf den Befehl „Makro zuweisen" klicken und ein Makro auswählen.

Einmal in eine beliebige Excel-Zelle Klicken.

Sobald Sie das Bild jetzt mit der linken Maustaste anklicken, wird das Makro in der ausgewählten Zelle ausgeführt.

Abbildung 14: Sie können jedem Bild ein Makro zuweisen.

14 Makro über ein Formular-Steuerelement ausführen

Formular-Steuerelemente bieten eine gute Möglichkeit, Makros direkt in einem Tabellenblatt zu aktivieren. Dabei funktioniert die Makrozuweisung genauso wie bei einer Grafik.

Register „Entwicklertools".

In der Gruppe „Steuerelemente" einen Klick auf „Einfügen".

Im Bereich „Formular-Steuerelemente" ein Klick auf das Symbol „OK".

In der Excel Tabelle das jetzt dargestellte Kreuz auf die gewünschte Größe der Schaltfläche ziehen.

Im daraufhin eingeblendeten Dialogfenster das gewünschte Makro auswählen.

Die Schaltfläche wird in der Tabelle dargestellt.

Die gewünschte Bezeichnung eingeben.

Einmal in eine beliebige Excel-Zelle Klicken.

Sobald Sie das Steuerelement jetzt mit der linken Maustaste anklicken, wird das Makro in der ausgewählten Zelle ausgeführt.

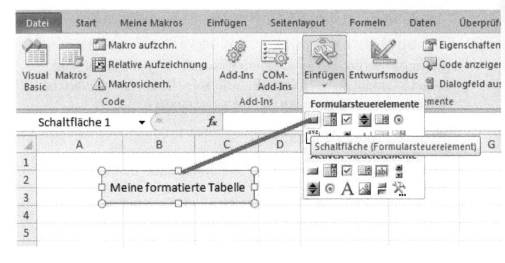

Abbildung 15:Makro mit einem Formular-Steuerelement ausführen.

15 Makro über ein ActiveX-Steuerelement ausführen

ActiveX-Steuerelemente kommen der „richtigen" Programmierung mit VBA am nächsten, da hier die Makrozuweisung über den Code-Editor stattfindet. Bevor wir diesen Code-Editor näher kennen lernen, machen wir erst einmal einen Sprung ins kalte Wasser und programmieren dieses Steuerelement.

Sie wählen im Register „Entwicklertools" diesmal im Bereich „ActiveX-Elemente" das Symbol „Befehlsschaltfläche" aus und ziehen es auf die gewünschte Größe.

Eine Schaltfläche mit der Bezeichnung „CommandButton1" wird eingefügt.

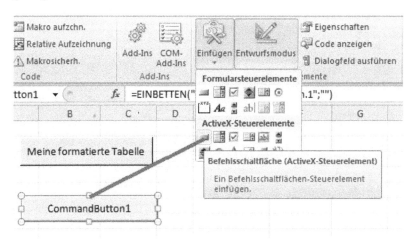

Abbildung 16: Diese Befehlsschaltfläche muss programmiert werden.

In der Programmierung hat jedes Objekt bestimmte Eigenschaften. Um die Eigenschaften dieser Schaltfläche zu sehen, klicken Sie in den „Entwicklertools" auf das Symbol „Eigenschaften". Das gleichnamige Dialogfenster wird eingeblendet.

Um die Beschriftung der Schaltfläche zu ändern, klicken Sie in dem Eigenschaftsfenster auf den Eintrag „Caption" und geben zum Beispiel ein: „Meine Tabelle". Schon hat die Schaltfläche die entsprechende Beschriftung.

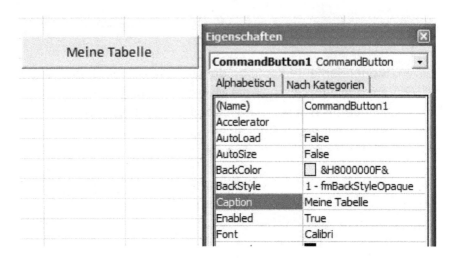

Abbildung 17: ActiveX Objekte werden mit Eigenschaften versehen.

Wenn Sie mögen, können Sie hier noch mit weiteren Eigenschaften experimentieren.

Jetzt geht es an die Programmierung der Schaltfläche. Klicken Sie dazu doppelt auf die Schaltfläche.

Bekommen Sie jetzt keinen Schreck, der integrierte VBA-Editor wird gestartet. Dieser zeigt Ihnen den Beginn und das Ende der Programmierung dieser Schaltfläche an:

Private Sub CommandButton1_Click()

End Sub

Um die Bedeutung der Befehle kümmern wir uns hier noch nicht. Entscheidend an dieser Stelle ist, dass Sie zwischen diesen beiden Befehle den Befehl des auszuführenden Makros schreiben müssen.

Der komplette Code sieht dann so aus:

Private Sub CommandButton1_Click()

Meine_formatierte_Tabelle

End Sub

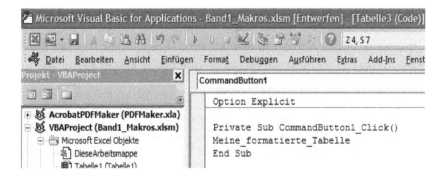

Abbildung 18: Der VBA-Editor mit dem Code für die Schaltfläche.

Wechseln Sie jetzt in die Tabelle. Beenden Sie den „Entwurfsmodus", indem Sie auf das gleichnamige Symbol klicken.

Jetzt ist Ihr ActiveX-Steuerelement betriebsbereit und das eingetragene Makro wird auf Mausklick ausgeführt.

16 Der Visual Basic Editor

Der Visual Basic Editor stellt die Programmierumgebung von Excel dar. In dieser Entwicklungsumgebung können Sie eigene Programme für die Anwendung erstellen. Das schöne ist, das Sie nichts zusätzlich installieren müssen, der Visual Basic Editor ist bereits Bestandteil der Anwendung.

Den gleichen Editor finden Sie übrigens auch in Word, PowerPoint, Outlook und Access.

Um ohne große Umwege direkt in den VBA Editor zu gelangen, betätigen Sie die Tastenkombination „ALT" und „F11".

Abbildung 19: Ansicht des VBA-Editors.

Eines fällt sofort ins Auge: Im VBA-Editor hat das Menüband keinen Einzug erhalten. Stattdessen gibt es hier noch Menübefehle und Symbolleisten, wie sie aus älteren Office-Versionen bekannt sind. Bisher gibt es auch keine Pläne, dies zu ändern.

Auf der linken Seite finden Sie den Projekt-Explorer, der alle geöffneten Arbeitsmappen anzeigt.

Falls dieser bei Ihnen nicht angezeigt werden sollte, klicken Sie auf die Menübefehle „Ansicht", „Projekt-Explorer".

Außerdem sollte unterhalb des Projekt-Explorers das Eigenschaftenfenster angezeigt werden.

Sollte das nicht der Fall sein, klicken Sie auf die Menübefehle „Ansicht", „Eigenschaftenfenster".

Auf der rechten Seite finden Sie den Programmiercode, falls schon welcher vorhanden ist.

Bevor Sie eigene Programme schreiben, klicken Sie auf die Menübefehle „Extras", „Optionen". Setzen Sie hier einen Haken in das Kontrollkästchen „Variablendeklaration erforderlich" und klicken Sie anschließend auf die Schaltfläche „OK".

Dadurch wird die Programmierung sicherer. Wenn Sie jetzt eigene Variable verwenden, müssen Sie diese vorher deklarieren. Was das genau auf sich hat, erfahren Sie im nächsten Band zu VBA.

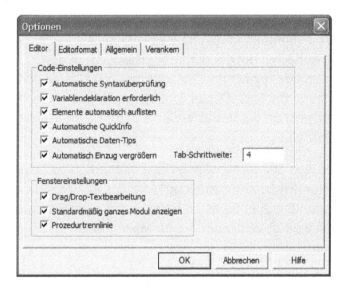

Abbildung 20: Die Optionen des VBA Editors.

Als Abschluss zu diesem Band wollen wir ein kleines Programm selbst erstellen. Dieses Programm soll eine Hinweisbox in Excel erzeugen.

Klicken Sie in der Menüleiste auf „Einfügen" und „Modul". Sie haben jetzt ein neues Modul erstellt, in dem Sie Programme erstellen können. Ein Modul kann mehrere Programme enthalten.

Um den Namen des Moduls zu ändern, klicken Sie im Eigenschaftenfenster auf den Eintrag „Name" und tippen ein: „Eigen". Dadurch haben Sie das Modul umbenannt. Für Module gelten die gleichen Konventionen wie für Makronamen, also beginnend mit einem Buchstaben und ohne Sonderzeichen wie zum Beispiel ein Leerzeichen.

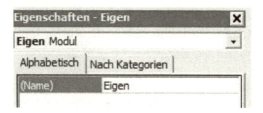

Abbildung 21: Bennen Sie die Module um. Dadurch finden Sie diese später besser wieder.

Um jetzt ein Programm innerhalb dieses Moduls zu erzeugen, klicken Sie zunächst auf die rechte Fensterseite, in der Ihr Programmiercode reinkommt. Standardmäßig sollte da schon stehen: „Option Explicit". Dieser Eintrag ist die Folge davon, dass Sie in den Optionen die Variablendeklaration als erforderlich bestimmt haben.

Klicken Sie jetzt auf die Menübefehle „Einfügen", „Prozedur". Das Dialogfenster „Prozedur hinzufügen" wird eingeblendet. In das Feld „Name" tippen Sie zum Beispiel „Hallo" ein. Für die Prozedurnamen gelten auch die Konventionen wie für Makronamen und Modulnamen.

Abbildung 22: Fügen Sie eine eigene Prozedur ein.

Über Typen und Gültigkeitsbereiche erfahren Sie im nächsten Band mehr. Jetzt soll ein Klick auf die Schaltfläche „OK" reichen.

Die ersten Befehle werden bereits geschrieben:

Public Sub Hallo(): Hier beginnt die Prozedur mit dem Namen „Hallo". Das „Public" bedeutet, dass diese Prozedur in diesem gesamten VBA-Projekt, also in dieser Arbeitsmappe, aufgerufen werden kann.

Am Ende der Prozedur finden Sie den Befehl „End Sub".

Zwischen diesen beiden Befehlen spielt die Musik. Um eine Hinweisbox zu erzeugen, benötigen Sie den Befehl „MsgBox". Dahinter steht dann in Anführungszeichen der Text, den Sie anzeigen wollen. Die komplette Prozedur sollte so aussehen:

Public Sub Hallo()

MsgBox "Hallo Welt, hier bin ich!"

End Sub

Speichern Sie das Programm jetzt mit einem Mausklick auf das Diskettensymbol ab. Sie werden nach keinem Name gefragt, da das Programm ja Bestandteil Ihrer Arbeitsmappe ist.

Um das Programm jetzt auszuführen, betätigen Sie die Funktionstaste „F5".

Abbildung 23: Das Ergebnis der ersten eigenen Programmierung.

So, das soll zur Einführung erst einmal reichen.

Wenn es Ihnen Spaß gemacht hat, freuen Sie sich auf das nächste Buch, in dem es um Module, Variablen und Konstanten geht. Und das natürlich wieder mit praktischen Anwendungen.

Falls Sie Fragen oder Anregungen haben, immer her damit. Auch für konstruktive Kritik bin ich gerne zu haben:

peter.schnoor@ps-beratung.de

17 Service

Die Beispielarbeitsmappe können Sie auf meine Website:

www.ps-beratung.de

kostenlos herunterladen.

Aktivieren Sie dazu den Bereich „Bücher" und klicken Sie auf den Befehl „Downloads".

Wenn Ihnen dieses Büchlein gefallen hat:

VBA-Excel Serie Band 2 ist erschienen:
Module, Variable und Konstanten.

Bisher nur als Kindle-Edition

http://www.amazon.de/VBA-Module-Variable-Konstanten-ebook/